CATALOGUE

D'UNE

PRÉCIEUSE SÉRIE

DE

LETTRES AUTOGRAPHES

Provenant de la succession de

M. Georges CHARPENTIER

COMPRENANT DES LETTRES, CORRESPONDANCES OU MANUSCRITS DE

Honoré de Balzac, Baudelaire, Champfleury, Alphonse Daudet,
Paul Déroulède, G. Flaubert, Th. Gautier,
Gérard de Nerval, Victor Hugo, Xavier de Maistre, Ed. Manet
Alfred de Musset, Guy de Maupassant, Sainte-Beuve,
George Sand, Madame Valmore, Alfred de Vigny, etc.

DONT

LA VENTE AURA LIEU A PARIS

Hôtel des Commissaires-Priseurs, rue Drouot, salle numéro 10

LE MERCREDI 30 JANVIER 1907

PAR LE MINISTÈRE

DE

Mᵉ PAUL CHEVALLIER

Commissaire-priseur, rue de la Grange-Batelière, 10

ASSISTÉ DE

M. NOEL CHARAVAY, expert en autographes

Rue de Furstenberg, 3

PARIS

Noël CHARAVAY

3, Rue de Furstenberg

AVIS

Il y aura, le jour de la vente, exposition publique des pièces,
de une heure et demie à trois heures, Hôtel des Commissaires-
priseurs, salle nº 10.

Les pièces seront visibles chez l'expert huit jours avant la vente.

L'authencité des autographes est garantie.

Les acquéreurs paieront dix pour cent en sus du prix d'adju-
dication.

M. Noël CHARAVAY, expert en autographes, chargé de la vente,
remplira, aux conditions d'usage, les commissions qu'on voudra
bien lui confier.

---

*La vente des livres dépendant de la succession de M. Georges-
Charpentier, aura lieu les 28 et 29 janvier 1907, par les soins
de M. A. Durel, libraire-expert, rue de l'Ancienne-Comédie, 21,
à Paris, chez lequel se distribue le catalogue.*

CATALOGUE

DE

LETTRES AUTOGRAPHES

---

1. **BALZAC (Honoré de)**, l'illustre romancier, n. 1799, m. 1850.

    L. a. s. *de Bc.* à Charpentier ; (1840), 2 p. in-8.

    Belle et intéressante lettre relative à ses droits d'auteur. Il cite plusieurs de ses ouvrages.

2. **BALZAC (Honoré de)**.

    P. a. s. ; Paris, 30 octobre, 1/2 p. in-4.

    Reçu de la somme de 5oo francs pour prix d'une préface qu'il a écrite pour la *Physiologie du goût*.

3. **BALZAC (Honoré de)**.

    L. a. s. à Charpentier ; (Sèvres, 1er février 1839), 3/4 de p. in-8.

    Il le prie de ne pas oublier la dédicace qui est en tête du *Médecin de Campagne*.

4. **BALZAC (Honoré de)**.

    L. a. s. *de Bc*, à Charpentier ; 26 octobre 1839, 3/4 de p. in-8.

    Il lui fixe un rendez-vous et lui reproche de n'avoir pas envoyé à Madame Delannoi le manuscrit et un ex. de la *Recherche de l'absolu*.

5. **BARTET (Julia REGNAULT, dite)**, célèbre artiste dramatique, sociétaire du Théâtre-Français.

    3 l. a. s., dont deux sur des cartes-correspondances, 2 p. in-8 et 4 p. in-16. On a joint deux cartes de visites avec quelques mots aut.

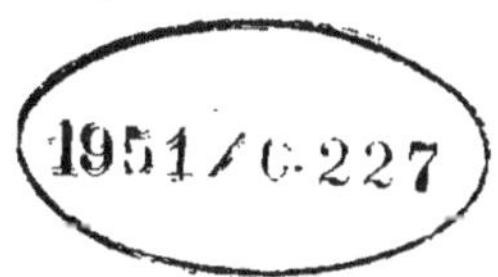

6 . BAUDELAIRE (Charles), le célèbre auteur des *Fleurs du mal,* n. 1821, m. 1865.

L. a. s. ; 20 juin 1863, 2 p. in-8.

Il se plaint avec vigueur des changements apportés dans deux poésies insérée dans la *Revue Nationale.* « Je vous avais dit : Supprimez *tout un morceau,* s *une virgule* vous déplait dans ce morceau, mais ne supprimez pas la virgule ; elle a sa raison d'être. J'ai passé ma vie entière à apprendre à construire des phrases et je dis, sans crainte de faire rire, que ce que je livre à une imprimerie est parfaitement fini ».

7. BAUDELAIRE (Charles).

Les bons chiens ; Assommons les pauvres ; Mademoiselle Bistouri ; La soupe et les nuages ; Portraits de maîtresses, manuscrits aut. écrits en grande partie au crayon, 16 p. 1/2 in-folio.

8. BERNHARDT (Sarah), la grande tragédienne.

9 l. a. s. à M. et Mme Charpentier, 11 p. in-8 ou in-16. Quatre lettres sont signées en toutes lettres, les autres du prénom seulement. Une pièce est écrite au crayon.

9. BERNHARDT (Sarah).

Impressions d'une chaise, manuscrit aut. sig.. écrit au crayon ; 1878, 39 p. in-folio.

10. BIZET (Georges), célèbre compositeur de musique, auteur de *Carmen,* n. 1838, m. 1875.

Causerie musicale, article aut. sig. Gaston de Betzi, 11 p. 1/2 in-folio.

11. BOUCHOR (Maurice), poète contemporain.

35 l. a. s. à Charpentier, 80 p. env. in-8.

Intéressante correspondance intime et littéraire, notes de voyages, etc. — On a joint plusieurs pièces de vers autographes.

12. BRESDIN (Rodolphe), graveur, fameux bohème, que Champfleury a peint sous le nom de *Chien-Caillou,* né à Ingrande (Vienne), n. 1825, m. 1885,

4 l. a. s. à Charpentier, 6 p. in-8 ou in-16.

Dans les quatre lettres, Bresdin demande qu'on lui place des gravures afin de le sortir de la misère.

13. BRETON (Jules), le célèbre peintre de paysages, membre de l'Institut.

5 l. a. s., 8 p. in-8.

Intéressantes lettres relatives à l'impression de ses poésies.

14. **BRIZEUX (Auguste)**, célèbre poëte, auteur de *Marie*, n. à Lorient, 1806, m. 1858.

2 l. a. s., 2 p. in-8. — On a joint 5 reçus signés par Brizeux, pour le paiement de son travail sur Dante.

15. **CHABRIER (Emmanuel)**, compositeur de musique, auteur d'*Espana*, n. 1842, m. 1893.

8 l. a. s., dont 5 sur des cartes-correspondance, à Charpentier, 10 p. in-8 ou in-16.

16. **CHAMPFLEURY** (Jules - François - Félix Husson-Fleury, dit), le célèbre écrivain et amateur de faïences, n. 1821, m. 1889.

22 l. a. s. à Charpentier; 1873-1876, 25 p. in-8 ou in-16.

Intéressante correspondance toute relative à l'impression de ses œuvres : *Madame Eugénio, Les Amoureux de Sainte-Périne*, etc.

17. **COPPÉE (François)**, le célèbre poëte et auteur dramatique, membre de l'Académie française.

Enfants trouvés, pièce de vers aut. sig., 4 p. 1/2 in-8.

18. **COQUELIN CADET (Ernest)**, artiste dramatique, sociétaire du Théâtre-Français, né à Boulogne-sur-Mer.

40 l. a. s. *Cadet*, pour la plupart ; 1867-1899. Intéressante correspondance intime.

19. **DAUDET (Alphonse)**, le célèbre romancier, n. 1840, m. 1897.

36 l. a. s., 2 l. s. à Charpentier, 40 p. env. in-8 ou in-16.

La plupart de ces lettres sont relatives à l'impression des œuvres de Daudet. Dans l'une, le romancier expose le plan de *Fromont jeune et Risler aîné*. A propos de son célèbre roman, il cite la réponse qu'on lui a faite dans une gare à propos de l'auteur de *Fromont* : « C'est un si bon auteur ! disait la femme en roulant des yeux extatiques. J'avais une tête d'idiot du reste, moi aussi ».

20. **DÉROULÈDE (Paul)**, poète et homme politique, président de la Ligue des Patriotes.

11 l. a. s. à M. et Mme Charpentier ; 1867-1879, 18 p. in-8. Intéressante correspondance toute amicale.

21. **DÉROULÈDE (Paul)**.

3 pièces de vers aut. sig. ; 1865, 1866, 1867, 4 p. 1/2 in-folio. Belles pièces.

22. **DU CAMP (Maxime)**, célèbre écrivain, membre de l'Académie française, n. 1822, m. 1894.

23 l. a. s. à Charpentier, 40 p. env. in-8.

Intéressante correspondance relative à sa collaboration à la *Revue de Paris*. ll parle de ses ouvrages, donne le plan d'un article sur le fameux Beniowski, dont il parle longuement dans plusieurs lettres, il signale un lapsus dans un vers de *Namouna*, etc.

23. DUMAS père (Alexandre), le grand romancier, n. 1803, m. 1870.

6 l. ou billets a. s. à Charpentier ; 1834-1835, 6 p. in-8.

Lettres relatives à l'impression de ses œuvres. Dans l'une d'elles, il déconseille à Charpentier de lui intenter un procès.

24. FLAUBERT (Gustave), le célèbre auteur de *Madame Bovary*, n. 1821, m. 1880.

84 lettres ou billets à Charpentier, quelques lettres sont adressées à Madame Charpentier ; la plupart ne sont pas datés, 100 p. env. in-8.

PRÉCIEUSE CORRESPONDANCE toute relative à l'impression des œuvres de Flaubert : *Salammbô*, la *Tentation de Saint-Antoine*, l'*Education sentimentale*. Toutes ces lettres ont un tour humoristique. En voici quelques exemples : le premier, à propos de la réimpression de l'*Education sentimentale*. « Ce roman a été étranglé à sa naissance par Troppmann et Pierre Bonaparte. Il serait juste de le réhabiliter. C'est un four immérité ». — « Je serai mercredi à 2 h. chez vous, pour enjoliver de ma présence notre fête religieuse, et voir la mine de Zola au pied des autels. Puis le soir nous rebaptiserons son filleul ». — « Pendant que Georges fainéantise à l'ombre de son chapeau de planteur, son auteur travaille comme un nègre. Samedi dernier j'ai enfin commencé mon roman. Les premières pages sont dures à décrocher ! Et avant que je n'aie fini la dernière bien des révolutions auront peut-être passé sur le macadam ». — « Toute illustration en général m'exaspère — à plus forte raison quand il s'agit de mes œuvres : — et de mon vivant on n'en fera pas. *Dixi*. C'est comme pour mon portrait. Entêtement qui a failli me brouiller avec Lemerre. Tant pis. J'ai des principes ». Il parle souvent aussi de ses amis littéraires Zola, Daudet, Goncourt, et de son disciple Guy.
Cette correspondance pourrait faire l'objet d'une publication.

25. FRANCE (Anatole), poète, un des meilleurs écrivains contemporains, membre de l'Académie française.

3 lettres aut. sig. à Madame Charpentier, 3 p. in-12.

26. GAMBETTA (Léon), le grand orateur et homme d'Etat, n. 1838, m. 1882.

3 billets aut. sig. ; 1878-1882, 3 p. in-8.

27. GAUTIER (Théophile), le célèbre poète et écrivain, n. à Tarbes, 1811, m. 1872.

Après le feuilleton, pièce de vers aut. sig., 1 p. in-8.

28. GAUTIER (Théophile).

25 p. s. ; 1845-1868, 50 p. env. in-4.

Traités passés entre Th. Gautier et les éditeurs Charpentier, Hachette, Amyot, Hetzel, Gide, Lévy, etc., pour la publication de ses œuvres. — On a joint

29. GAUTIER (Théophile).

95 pièces signées ; 1845-1865, 95 p. in-16 ou in-8.

Reçus donnés par Théophile Gautier en paiement de ses ouvrages.

30. GÉRARD DE NERVAL (Gérard Labrunie, dit), le célèbre écrivain, n. 1808, m. 1855.

5 l. a. s. à Charpentier ; 1851-1853, 12 p. in-8.

Intéressantes lettres relatives à ses ouvrages. Il demande que l'on profite de la question d'Orient pour activer la vente, etc.

31. GONCOURT (Edmond de), le célèbre écrivain, n. 1822, m. 1896.

46 lettres ou billets aut. sig. à Charpentier ; 1864-1895, 50 p. in-8 environ.

Intéressant dossier entièrement relatif à la publication de ses œuvres.

32. GONCOURT (Jules de), le célèbre écrivain, collaborateur de son frère Edmond de Goncourt, n. 1833, m. 1870.

4 l. a. s. à Charpentier ; sans date, 4 p. in-8.

Il le prie de presser la seconde édition de *Germinie Lacerteux*, se plaint que *Renée Mauperin* a disparu des étalages, etc.

33. GYP (Gabrielle de Mirabeau, comtesse de Martel, dite), la spirituelle romancière.

8 l. a. s., 26 p. petit in-4. Papier à son chiffre avec la devise : *Et puis après? Jolies lettres.*

34. HENNER (Jean-Jacques), le célèbre peintre, membre de l'Institut, n. 1829, m. 1905.

45 l. a. s. à Madame Charpentier, 80 p. in-8.

35. HUGO (Victor), le grand poète, membre de l'Académie française, n. 1802, m. 1885.

5 l. a. s. à Charpentier ; 1830-1852, 7 p. in-8.

Il lui demande s'il lui conviendrait d'éditer une relation de la dernière révolution de Naples par un réfugié napolitain, lui recommande une traduction de *Chamisso* par M. Kock, des traductions grecques de M. E. Deschanel, « poète et savant qui sait le grec mieux que moi et la poésie aussi bien que personne. M. E. Deschanel, qui vous remettra ce billet, est un des plus forts hellénistes de l'Ecole normale. Il voudrait traduire pour vous l'admirable livre de Marc-Aurèle ».

**36. LANFREY (Pierre), philosophe et historien), auteur

d'une histoire de Napoléon Ier, n. 1828, m. 1877.

90 l. a. s. à M. M. Charmot et Charpentier ; 1853-1875, 150 p. env. in-8.

Intéressante correspondance où il donne des détails sur sa vie, sa collaboration à divers journaux. Toute une partie est relative à l'impression de ses œuvres, à leur traduction, etc.

37. **LAPRADE** (Victor de), célèbre poète, membre de l'Académie française, n. 1812, m. 1883.

13 l. a. s. à Charpentier ; 1852, 20 p. in-8 env.

Belles lettres relatives à l'édition de ses poésies évangéliques.

38. **LAVALLÉE** (Théophile), historien et géographe, auteur de l'*Histoire des Français*, n. 1804, m. 1867,

135 l. a s. à Charpentier ; 1843-1861, 200 p. env. in-4 ou in-8.

Importante correspondance entièrement relative à ses ouvrages et en particulier l'*Histoire des Français*.

39. **MAISTRE** (Xavier, comte de), célèbre écrivain, auteur du *Voyage autour de ma chambre*, n. 1763, m. 1852.

14 l. a. s. à Charpentier ; 1839-1845, 40 p. in-4.

PRÉCIEUSE CORRESPONDANCE. Il lui signale l'injustice de la biographie que Sainte-Beuve a écrite et cite à ce propos une anecdote sur son frère Joseph et la charité du peuple russe. Il parle souvent de Tœpffer auquel il s'intéresse beaucoup ; il est touché de ce que Sainte-Beuve a écrit sur l'écrivain suisse. « Je lui aurais aussi adressé mes remerciements pour tout ce que cette élégante biographie contient d'aimable pour moi ; il n'y a qu'une personne qui pourrait s'en plaindre, mais heureusement pour moi elle n'existe plus, c'est le célèbre Goëte avec lequel votre ami n'a pas craint de m'associer, comme l'un des patrons de M. Tœpffer. J'en ai rougi jusqu'au blanc des yeux, et je vous assure qu'un semblable rapprochement ne me serait jamais venu dans l'idée ». Il lui propose d'éditer un ouvrage de son frère qui ne serait pas, il est vrai, destiné à la même catégorie de lecteurs que la *Physiologie du Mariage*.

40. **MANET** (Edouard), le célèbre peintre, n. 1833, m. 1883.

18 l. a. s. à Madame Charpentier, E. Zola, Bergerat, etc., 25 p. env. in-8.

41. **MAUPASSANT** (Guy de), le grand romancier, n. 1850, m. 1893.

L. a. s. à une dame ; 25 décembre, 2 p. in-8.

Il transmet une réponse de Flaubert à qui l'on avait proposé une place dans l'administration. « Quant à émarger au budget, jamais, jamais, jamais. Je puis vivre avec 1.500 francs dans une auberge de campagne, mais pas avec 6.000 dans une place de l'Etat. Je trouve que les honneurs déshonorent, que le titre dégrade, que la fonction abrutit, et je serais chassé le lendemain pour violençe, insolence et insubordination ».

42. MAUPASSANT (Guy de).

8 l. a. s. à Charpentier; *s. d* , 12 p. in-8.

Lettres entièrement relatives à l'impression de ses œuvres. Maupassant s'y montre homme d'affaires avisé. — On a joint 3 billets aut. sig. sur des cartes-correspondances et 1 l. a. s. à M. Desmoulins.

43. MÉRIMÉE (Prosper), le célèbre écrivain, membre de l'Académie française, n. 1803, m. 1870.

7 l. a. s., 8 p. in-8.

Il dit l'impossibilité d'écrire un roman pour combattre Proudhon ; le seul défaut des publications de la rue de Poitiers est de n'être pas amusantes. Il a envie de faire une traduction des œuvres de Pouschkine ; il parle de l'impression de *Don Pèdre*, des *Chroniques de Charles IX*, etc.

44. MONNIER (Henry), auteur dramatique, acteur et dessinateur, créateur du type de *Joseph Prudhomme*, n. 1799, m. 1877.

L'extrême-onction, mss. aut. sig., 19 p. in-4 oblong.

45. MONSELET (Charles, le spirituel écrivain, n. 1825, m. 1888.

17 lettres ou billets à Charpentier, 17 p. in-8.

Correspondance toute relative à ses œuvres. L'une de ces lettres est terminée par une signature ornée d'un croquis.

46. MOUNET-SULLY (Jean), le célèbre tragédien.

6 l. a. s. à Madame Charpentier, 14 p. in-8 ou in-16. *Jolies et rares pièces.*

47. MUSSET (Alfred de), le célèbre poète, membre de l'Académie française, n. 1810, m. 1857.

L. a. s. à Charpentier; 27 janvier 1848, 3/4 de p. in-8.

Il le prévient qu'il échange le titre de *Lisette*, qui devient *Louison*.

48. MUSSET (Alfred de).

L. a. s. *Alf^d M^t* à Charpentier; (janvier 1850), 1 p. in-8.

Il est désolé de voir que pour grossir de quelques pages un volume on ait imprimé des choses qui ne valent rien et qu'il n'a même pas voulu publier à vingt ans dans son recueil. « Quant à moi, j'ai beau faire, je ne peux pas corriger ces *Derniers moments de François Ier*. Il y a 19 ans que c'est au rancart. Faites un effort, au nom du ciel, dépouillez-vous de votre routine d'éditeur, laissez-moi ne donner au public que ce dont je puis être content. Vous me soulagerez d'un vrai fardeau. »

49. MUSSET (Alfred de).

L. a. s. *Alf^d M^t* à Charpentier ; 13 août 1850, 1 p. in-8.

Il lui envoie les épreuves du *Chandelier* corrigées avec soin. « Ce sera une édition choisie de la pièce ; la seule bonne ».

50. **MUSSET (Alfred de).**

L. a. s. *Alf^d de Musset* à Charpentier ; 27 juin 1851,
2 p. in-8.

Il lui demande de le sauver d'une saisie imminente en prenant à son compte un billet de 1.200 francs.

51. **MUSSET (Alfred de).**

L. a. s. *Alf^d M^t* à Charpentier ; (1853), 2 p. in-8.

Il se plaint de la mauvaise composition des épreuves qu'on lui a soumises, « C'est un métier que je n'ai jamais fait. Il y a dans les imprimeries des gens payés pour cela ».

52. **MUSSET (Alfred de).**

4 lettres ou billets aut. signés des initiales ; (1853),
3 p. 1/2 in-8 ou in-16.

Toutes ces pièces sont relatives à la correction des épreuves de ses œuvres.

53. **MUSSET (Alfred de).**

L. a. s. *Alf^d de Mussel* à Charpentier ; 22 septembre 1854,
3 p. 1/2 in-8.

Superbe lettre où il expose sa situation. Il a besoin d'aller aux bains de mer pour se remettre et il lui faudrait mille francs, tant pour le voyage que pour désintéresser son propriétaire avant de partir.

54. **MUSSET (Alfred de).**

L. a. s. *Alf^d de Mussel* ; 15 février 1857, 1 p. in-8.

Il s'étonne qu'il ne reconnaisse pas le versement mensuel de deux cents francs dont ils étaient convenus. « Je puis reconnaître ce qui est juste mais non céder à des menaces inutiles ».

55. **MUSSET (Alfred de).**

L. a. s. *Alf^d de Mussel* à Charpentier ; 20 mars 1857,
1 p. in-8.

Il lui demande s'il est bien vrai qu'ils ne peuvent s'entendre ; il le prie de lui fixer un rendez-vous.

56. **MUSSET (Alfred de).**

L. a. s. *Alf^d de Mussel* à Plon ; jeudi, 11, 1/2 p. in-4.

Il lui demande de quel droit il compte mettre sous presse sans avoir son bon à tirer.

57. **MUSSET (Alfred de).**

L. a. s. *Alf^d de Mussel* à Charpentier ; lundi, 30 septembre, 1 p. in-8.

Il le prie de démentir l'annonce des journaux qui présentent sous son nom les romans de son frère.

58. **MUSSET (Alfred de).**

L. a. s. *Alf^d de Mussel* à Charpentier ; jeudi, 2 novembre,
1 p. in-8.

Il lui demande s'il est allé chez Berrurier l'huissier et le prie de ne rien faire sans l'avoir vu.

59. MUSSET (Alfred de).

L. a. s. *Alf*^d M^t à Charpentier, 1 p. in-4.

Il lui reproche vivement d'imprimer et de vendre sans lui rendre de comptes.

60. MUSSET (Alfred de).

L. a. s. *Alf*^d M^t à Charpentier, 1/2 p. in-8.

Il a été trompé par de faux renseignements ; il redemande la lettre qu'il lui a écrite. Il serait au désespoir qu'elle pût s'égarer.

61. MUSSET (Alfred de).

L. a. s. *Alf*^d M^t à Charpentier ; lundi, 9 mars 1857, 1 p. in-8.

Il lui demande une réponse catégorique au sujet de l'impression de deux manuscrits.

62. MUSSET (Alfred de).

L. a. s. *Alf*^d *de M*^t à Charpentier, 1 p. in-8.

Il demande des épreuves et dit qu'il a décidé d'imprimer le vers :
« J'ai fait mon chant du sacre et je peux me relire.

63. MUSSET (Alfred de).

L. a. s. *Alf*^d *de Musset* à Charpentier, 1 p. in-8.

Il est disposé à prendre les engagements qu'il lui a demandés, à condition que l'on fasse de suite les éditions qui lui permettront de le rembourser.

64. MUSSET (Alfred de).

L. a. s. *Alf*^d M^t à Charpentier, 1 p. in-8.

Il le prie de s'entendre avec Hetzel pour une édition de ses œuvres.

65. MUSSET (Alfred de).

L. a. s. *Alf*^d *de Musset* à Charpentier ; vendredi, 1/2 p. in-4.

Il le prie de ne pas oublier le carton qu'il a demandé. Il envoie le second volume de la *Confession*.

66. MUSSET (Alfred de).

L. a. s. *Alf*^d *Musset* à Charpentier ; *s. d.*, 1 p. in-8.

Il demande une avance d'argent. « Je n'ai littéralement pas le sou c'est-à-dire que je ne sais pas du tout comment j'irai jusqu'au bout du mois. Encore me faut-il dîner pour faire une nouvelle. »

67. MUSSET (Alfred de).

7 p. s., 7 p. in-8 oblong.

Reçus donnés pour ses droits d'auteur.

68. MUSSET (Alfred de).

A Madame H. Fortoul, rondeau, pièce de vers aut., (15 vers), 1 p. in-4.

69. MUSSET (Alfred de).

Pièce de vers aut., (27 vers), 1 p. 1/2 in-8.

« Adieu, Suzon, ma rose blonde
« Qui m'as aimé pendant huit jours

Les deux derniers couplets manquent.

70. MUSSET (Alfred de).

A Madame O. qui avait fait des dessins pour les
Nouvelles *de l'auteur*, sonnet aut , 1 p. in-4.

71. MUSSET (Alfred de).

A Julie, pièce de vers aut. sig. ; mars 1832, 1 p. in-folio.
Belle pièce.

72. MUSSET (Alfred de).

Chanson, fragment aut., (12 vers), 1/2 p. in-8.

« Quand on perd, par triste occurence
Son espérance
Et sa gaîté
Etc...

73. MUSSET (Alfred de).

A M. Régnier, de la Comédie-Française, après la mort
de sa fille, sonnet aut., 1 p. in-8 oblong.

74. MUSSET (Alfred de).

Sonnet aut., 1 p. in-8 oblong.

« Se voir le plus possible, et s'aimer seulement.
« Sans ruse et sans détours, sans honte ni mensonge,
« Sans qu'un désir nous trompe ou qu'un remords nous ronge
« Vivre à deux, et donner son cœur à tout moment.

75. MUSSET (Alfred de).

8 pièces signées ; 1847-1853, 11 p. in-folio ou in-4.

Traités avec l'éditeur Charpentier pour *André del Sarto, Lisette, Le Caprice*,
etc... On a joint des comptes de librairie, des exploits d'huissier, etc...

76. MUSSET (Alfred de).

L. a, s. *A.* à Paul Foucher ; Le Mans, 19 octobre (1827),
3 p. in-4. Légère déchirure enlevant un mot.

Précieuse pièce, une des belles et des plus curieuses que l'on puisse trouver
d'Alfred de Musset. Elle est écrite à l'âge de 17 ans. Musset y maudit les
femmes et l'amour. « Pourtant, dit-il, je ne suis pas amoureux, j'en suis à dix
mille lieues, mais je le sens, je suis fait pour l'être ; je radote à force de te le
répéter. — Mais je suis si bête·!... Tu le vois, mon pauvre ami ; j'ai 17 ans et
je suis heureux parce que je suis jeune... » Il joue au billard comme un furieux,
car il a besoin d'excès quelconque. Il s'indigne ensuite contre la justice et contre
ceux qui, ne le connaissant pas, disent de lui : Quel drôle de corps. Il ne veut
pas non plus être poète et s'écrie enfin : « Mort dieu ? sais-tu qui je voudrais
être ! Quel caractère j'ai, et quel rôle j'ambitionne ! Je voudrais être un homme

à bonnes fortunes, non pour être heureux mais pour les tourmenter toutes jusqu'à la mort, faisant jouer tous les ressorts de mon esprit sans jamais toucher à mon âme, je voudrais être envié des hommes et aimé des femmes... Tu ris, dit-il en terminant, de ce misantrophe de 16 ans ; non, mon ami, j'en n'en suis pas un, car je t'aime plus que moi-même et j'aimerai autant que toi la femme qui doit m'aimer un jour. ».

77. MUSSET (Paul de), célèbre écrivain, frère du grand poète, n. 1804, m. 1880.

208 l. a. s, à Charpentier ; 1857-1878, 500 p. env. in-8.

Correspondance entièrement relative aux éditions posthumes des œuvres d'Alfred de Musset ainsi qu'à *Lui et Elle*. Document précieux au point vue biographique et bibliographique.

78. QUINET (Edgar), célèbre écrivain et homme politique, n. 1803, m. 1875.

35 l. a. s. à Charpentier, 50 p. env. in-4 ou in-8.

Importante correspondance relative à l'impression de l'*Histoire de la philosophie*, du *Génie des religions*, etc.

79. RICHEPIN (Jean), le célèbre poète et auteur dramatique.

7 l. a. s. à Charpentier, 10 p. in-8.

Intéressantes lettres. Dans l'une il lui demande d'éditer la *Chanson des Gueux*.

80. ROPS (Félicien), le célèbre graveur et dessinateur, n. 1833, m. 1898.

7 l. a. s. à Charpentier ; 1880-1893, 12 p. in-8.

Il se déclare enchanté d'illustrer *Fromont jeune*. « C'est de la vie moderne et je ne demande que cela ». Il explique pourquoi il a la réputation d'être un artiste inexact dans son travail. « J'ai trop le respect de mon art pour faire des choses qui me sont à moi même antipathiques et qui le seraient aux autres naturellement.

81. SAINTE-BEUVE (Charles-Augustin), le célèbre critique, membre de l'Académie française, n. 1804, m. 1869.

10 l. a. et 1 l. s. à Charpentier ; 1843-1847, 15 p. in-8 ou in-16.

Intéressante correspondance. Il parle de son Du Bartas, d'une traduction grecque par un fils de Victor Hugo, d'une nouvelle édition de ses poésies, de ses volumes, de portraits, etc. — On a joint 9 reçus signés par Sainte-Beuve.

82. SAINT-SAENS (Camille), le grand compositeur de musique.

8 l. a. s. à Madame Charpentier ; *s. d.*, 14 p. in-8 ou in-16.

83. SAND (George), la grande romancière, n. 1804, m. 1876.

4 l. a. s. à Charpentier ; 1835-1851, 8 p. in-8.

Elle lui exprime le regret de ne pouvoir accepter ses propositions d'édition, lui demande la remise de 300 fr., montant de ses honoraires pour la préface des *Confessions* de J.-J. Rousseau, parle de *Consuelo* et de *La Comtesse de Rudolstadt*.

84. SAND (George).

P. a. signée *Aurore Dupin George Sand ;* Nohant, 12 octobre 1844, 1 p. in-8.

Elle autorise Pierre Leroux à traiter en son lieu et place avec Charpentier pour
une édition de *Consuelo* et de la *Comtesse de Rudolstadt.*

85. SAND (George).

Manuscrit aut. sig. ; Nohant, décembre 1874, 5 p. in-8.

Post-scriptum à la préface qu'elle avait écrite huit ans auparavant pour les
poésies d'Armand Silvestre.

86. SILVESTRE (Armand), célèbre poète et romancier,
n. 1837, m. 1901.

Les Tocasson, manuscrit aut., 28 p. in-4.

87. STEVENS (Alfred), le célèbre peintre, n. 1828,
m.

3 l. a. s. à Charpentier ; 1892-1893, 5 p. in-8.

88. SULLY-PRUDHOMME (René-François-Armand),
célèbre poète, membre de l'Académie française.

6 l. a. s. à Charpentier ; 1867-1882, 11 p. in-8.

Il lui recommande son neveu, le dessinateur H. Gerbault, une poésie de son
ami Coppée. Il ne veut pas lui donner la publication de ses poésies dès l'instant
que son travail ne sera pas rémunéré et le prie de mettre son manuscrit de côté.
« Je vous dédommage amplement en vous envoyant la poésie de Coppée et je
compte bien que nos excellentes relations ne souffriront pas de notre dissentiment
sur la dignité des poètes, qui consiste pour moi à ne pas admettre que les vers
soient mis plus bas que la prose. »

89. SULLY-PRUDHOMME (René-François-Armand).

Les principes de M Taine sur l'Art, manuscrit aut.
sig., 35 p. in-4.

90. TŒPFFER (Rodolphe), célèbre écrivain suisse,
auteur des *Voyages en zig-zag,* n. 1799, m. 1846.

L. a. s. à Charpentier ; Genève, 26 février 1844, 1 p. in-4.

Il lui dit la joie qu'il a éprouvée en apprenant le succès des *Nouvelles genevoises :* il lui conseille de s'entendre avec son confrère Dubochet pour une édition
illustrée.

91. TŒPFFER (Rodolphe).

L. a. s. à Charpentier ; Genève, 12 mai, 1 p. 1/2 in-4.

Il le félicite de l'impression de ses *Contes genevois,* mais se plaint de quelques
corrections de style qui détonnent avec son vocabulaire.

92. TŒPFFER (Rodolphe).

L. a. s. à Charpentier ; Genève, 14 novembre 1853, 1 p.
in-4.

Il le prie de lui céder au plus bas prix une douzaine d'exemplaires de ses *Nouvelles genevoises ;* toutefois il trouve dur de les payer autant que tout le monde.

93. TOURGUENEFF (Ivan), le grand écrivain russe,
n. 1818, m. 1883.

6 l. a. s., en français ; à Charpentier, 9 p. in-8.

Intéressantes lettres relatives à ses œuvres, particulièrement de *Pères et enfants.*

94. VALLÉS (Jules), le célèbre écrivain socialiste,
n. 1832, m. 1885.

80 l. aut., la plupart signées J. Valles ou des initiales
J.-V., d'autres sont signées *Vingtras, La Chaussade,
Pascal*, etc.; Londres, Bruxelles, Paris, 1877-1884,
150 p. env. in-8 ou in-16.

Très importante correspondance entièrement relative à la publication de *Vingtras*
et de *La Rue à Londres.* Vallès entre dans les détails les plus circonstanciés sur le
plan et la composition de ses œuvres.

95. VALMORE (Marceline Desbordes, Madame), la célèbre femme poète, n. 1785, m. 1859.

54 l. a. s. à Charpentier ; 1834-1846, 120 p. env. in-4
ou in-8.

Importante correspondance. Madame Valmore y parle de ses poésies et de ses
traductions. — On a joint 3 poésies autographes : *L'Oiseau : Rendez-vous d'Olivier :
Rendez-vous* et quelques lettres de Valmore, mari de Marceline Desbordes.

96. VERLAINE (Paul), le célèbre poète, auteur de
Sagesse, n. 1844, m. 1896.

Bonshommes à la plume, manuscrit aut. sign., 7 p. in-8.

97. VIGNY (Alfred, comte de), un des plus grands
poètes du XIXᵉ siècle, membre de l'Académie
française, n. 1799, m. 1863.

38 l. a. s. à Charpentier ; 1841-1852, 75 p. env. in-8.

PRÉCIEUSE CORRESPONDANCE entièrement relative à l'édition des œuvres
d'Alfred de Vigny : *Stello, Cinq-Mars,* des *Poésies,* etc. *Important dossier pour
l'histoire littéraire.*

98. WALLON (Jean), philosophe, ami de Murger, qui
l'a représenté sous le nom de *Colline,* dans les
scènes de la *Vie de Bohême,* n. 1821, m. 1882.

2 l. a. s. ; Toulon et Paris, 6 février et 12 août 1879,
3 p. in-8.

Jolies lettres. Il est retenu dans le midi par ce que Murger n'aurait pas manqué
d'appeler l'immortalité de l'asthme.

99. ZOLA (Emile), le célèbre romancier, n. 1840,
m. 1902.

9 l. a. s. à M. et Mᵐᵉ Charpentier ; 1879-1897, 9 p. in-8.

Correspondance purement amicale. Il y fait mention de Flaubert, à qui, en

1879, ses amis avaient tenté de lui faire accepter un emploi dont les appointements s'élevaient à 6,000 francs (V. plus haut la lettre de Maupassant).

100. DÉDICACES AUTOGRAPHES.

22 dédicaces à M. Charpentier sur des gardes ou des titres séparés des livres, écrites par Th. de Banville *(Les Exilés)*, le même *(Petites études)*, *(Contes féeriques)*, *(Mes souvenirs)*, *(Paris vécu)*, *(La lanterne magique)*, *(Odes funambulesques)* ; Georges Rodenbach *(Les vies encloses)* ; Armand Silvestre *(Le Pays des roses)* ; A. Arnould *(La croix-pater)*, etc.

101. ACADÉMIE FRANÇAISE, 173 pièces.

L. Halévy, V. Sardou, J. Lemaître, F. Masson, Theuriet, J. Simon, J. Sandeau, H. Houssaye, Ed. Hervé, Mignet, Chateaubriand, H. Martin, X. Marmier, L. de Loménie, About, etc.

102. ACADÉMIE FRANÇAISE, 76 pièces.

Al. Dumas, Theuriet, Bornier, Brunetière, P. Bourget, Feuillet, Pailleron, Mézières, Saint-René Taillandier, P. Deschanel, F. Coppée, J. Claretie, J. Lemaître, P. Hervieu, etc.

103. ARTISTES DRAMATIQUES, 53 pièces.

S. Bernhardt, A. Pasca, Mme Bartet, Marie Colombier, Héglon J. Lassalle, M. Brandès, Eug. Doche, Réjane, S. Reichenberg, M. Brohan, A. Antoine, etc.

104. ARTISTES DRAMATIQUES, 62 pièces.

A. Pasca, Favart, Yvette Guilbert, Judic, Mme Le Bargy, S. Bernhardt, A. Antoine, J. Hading, L. Bréval, Galipaux, Worms, etc.

105. COMPOSITEURS DE MUSIQUE, 53 pièces.

A. Duvernoy, L. Delibes, P. Lacome, R. Hahn, C. Erlanger, Lalo, A. Bruneau, V. Massé, Massenet, Pugno, Widor, Reyer, etc.

106. DIVERS, 180 pièces.

Général Billot, A. Rambaud, général Pittié, E. Perrin, A. Pichot, lord Lytton, F. de Pressensé, Quesnay de Beaurepaire, Vermorel, Cuvillier-Fleury.

107. DIVERS, 185 pièces.

Dr Pozzi, P. Ginisty, Feuillet de Conches, général Picquart, Cl. Popelin, A. Gouzien, C. Barrère.

108. DIVERS, 150 pièces.

Ed. Demange, Dr Debove, Carjat, Cernuschi, Mermeix, O. Méténier, Du Sommerard, Eug. Spuller, etc.

109. DIVERS, 41 pièces.

P. Déroulède, Huysmans, Cluseret, Jurien de la Gravière, J.-M. de Héredia, Verlaine, Becque, Barbey d'Aurévilly, O. Mirbeau, etc.

110. DIVERS, 260 pièces.

J. Granier, général Picquart, de Blowitz, J. Lewis-Brown, Léo Cladel, Courteline, Ph. Burly, etc.

111. DIVERS, 135 pièces.

J. Normand, Naquet, Nadar, colonel Villebois-Mareuil, Ed. Cadol, Marie Krysinska.

112. DIVERS, 195 pièces.

Général Zurlinden, V. Tissot, T. Bernard. A. Capus, de Blowitz, P. Bourde, Mary Summer, O. Commettant, etc.

113. HOMMES POLITIQUES, 67 pièces.

H. Brisson, Spuller, P. Bert. A. de la Forge, A. Marrast, Gambetta, Clémenceau, Waldeck-Rousseau, Y. Guyot. etc,

114. LITTÉRATEURS, 143 pièces.

Ed. de Goncourt, P. Adam, 'M. Prévost, Richepin, G. de Maupassant, de Curel, C. Mendès, Sarcey, Daudet, A. Silvestre. Banville, Cl. Popelin, Feydeau, A. Daudet, Déroulède, Jean Lorrain, R. de Montesquiou, etc.

115. LITTÉRATEURS, 238 pièces.

Eug. Talbot, Larroumet, A. Vacquerie, El. Mercœur, L. Ulbach, P. Adam. A. Houssaye, E. de Croisset, L. Hennique, A. Arnould, Mme Adam, P. Alexis, etc.

116. LITTÉRATEURS, 255 pièces.

W. Busnach, Mistral, G. Brunet, de Curel, Th. de Banville, Bergerat, Marie d'Agoult, Fd. Charton, Paul Lacroix, Ed. Quinet, St. Mallarmé, G. Droz, etc.

117. LITTÉRATEURS, 165 pièces.

A. Delpit, H. de La Pommeraye, Eug. Sue, Erckmann-Chatrian, G. d'Esparbès, 'P. Duchambge, C. Mendès, H. Taine, R. de Montesquiou, Toudouze, G. Planche, P. Leroux, Ballande, Saintine, Michelet, Peladan, G. Fredérix, Parodi, etc.

118. LITTÉRATEURS, 160 pièces.

J. Gautier, Laboulaye, A. Dreyfus, Wolff, Rodenbach, A. Scholl, Zévort, Ph. Gille, Mme de Girardin, Jean Lorrain, etc.

119. PEINTRES ET SCULPTEURS, 102 pièces.

Pissaro, Giacomelli, Rochegrosse, Roll, Raffaëlli, G. Moreau, Bartholomé, Bonnat, Bida, etc.

120. PEINTRES ET SCULPTEURS, 120 pièces.

Cazin, Croisy, Fantin-Latour, Forain, Français, Puvis de Chavannes, Degas, Gervex, Bastien-Lepage, Detaille, Cot, Dagnan-Bouveret, etc.

121. PEINTRES ET SCULPTEURS, 100 pièces.

Rodin, Benjamin-Constant, Henner, Carriès, Caillebotte, A. de Neuville, D. Vierge, J.-P. Laurens, Bastien-Lepage, etc.

122. PEINTRES ET SCULPTEURS, 107 pièces.

P. Dubois, Dalou, G. Doré, Duez, Gérôme. A. Gill, C. Meunier, Cl. Monet, Puvis de Chavannes, Chapu, Chaplin, Clairin, Baudry, J. Tissot, Sisley, etc.

123. MANUSCRITS.

Huysmans, manuscrit des *Sœurs Valard (copie); Ph. Chasles, Jean Aicard, Bergerat, A. Lemoyne, A. Valabrègue, L. Dubut, E. d'Hervilly, Mistral, R. Maizeroy, A. Silvestre, Troubat, Prévost-Paradol, A. Ranc, G. Lafenestre, Ranfrey,* etc.

IMPRIMERIE MODERNE **
***** J. LEFEBVRE
DREUX **********